Bestell-Nr. 5129

© 2014 by
Reinhard Kawohl 46485 Wesel
Verlag für Jugend und Gemeinde

Bibelzitate aus
Neues Leben. Die Bibel © 2002 und 2006 SCM R. Brockhaus
im SCM-Verlag GmbH & Co. KG, Witten

Titelbild: Fotolia / S. Steiner
Gestaltung und Zusammenstellung: RKW

Druck und Bindung: Drukarnia Dimograf, Bielsko-Biala, Polen

ISBN 978-3-86338-129-5

Barbara Kretschmann

Von einem Gott, der mich nicht übersieht

Wie Gottes liebevoller Blick
einen Menschen verändert

kawohl

Vorwort

Vor mir sitzt eine Frau in tiefem Schmerz: „Ich bin nie gesehen worden. Ich habe alles getan, nur um gesehen zu werden ..." Gesehen werden, wahrgenommen werden so wie ich fühle, wie ich bin – ein zutiefst menschliches Bedürfnis. Und es ist zugleich eine tiefe menschliche Verwundung, nicht gesehen zu sein. Kinder in den ersten Lebensjahren leben dieses Bedürfnis unverstellt aus. Sie möchten wahrgenommen sein zunächst mit ihrem Hunger, ihrem Durst; dann aber auch mit ihrem Bedürfnis nach Zuwendung, Lob, Zärtlichkeit, aber auch mit ihrer Angst und ihrem Schmerz. Mitten darin verbirgt sich ihr Wunsch getröstet und aufgenommen zu werden. Das kann nur ein anderer Mensch. Das Kind lebt sein Bedürfnis nach einem Du ganz offen.

Wie oft aber hat das Kind erlebt, mit seinem Bedürfnis abgewiesen zu werden. Vielleicht ist es sogar beschämt worden. Statt eines erwarteten Lobs ist es nicht beachtet oder gar belächelt oder verlacht worden. Tränen wurden nicht ernst genommen. Angst wurde bagatellisiert, Wut gar verboten.

Lebt in uns Erwachsenen dieses Kind nicht immer noch? Oft verborgen, zum Schweigen gebracht, manchmal aber auch versteckt fordernd, unerkannt beherrschend. Immer aber mit seinem Bedürfnis, da und dort getröstet zu werden, nicht allein zu sein.

Wer aber tröstet uns heute?
Wer sieht mich heute an – so wie ich bin?
Wer sieht mich an, ohne mich zu beschämen?
Wer sieht mich an und in seinem Blick ist zu lesen: Du bist mir recht; ich nehme dich an mit all deiner Schönheit und deinen Gaben, mit all deinen Flecken und Fehlern, mit deinen Verwundungen und mit deiner Sehnsucht nach Heilsein.

In meiner eigenen Bedürftigkeit, wohltuend gesehen zu werden – ich war ein schielendes Kind –, bin ich auf Texte der Bibel gestoßen, in denen Menschen Erfahrungen mit Gott und mit Jesus gemacht haben – erstaunliche Erfahrungen.
Ich bin lange innere Wege mit diesen Menschen gegangen, weil ich mich in ihnen wiederfinde. Und ich bin in und mit ihnen dem Gott begegnet, der mich ansieht, so wie ich bin: verwundet, belastet, enttäuscht, traurig, verkrümmt oder scheinbar wertlos, aber auch geliebt, befreit, aufgerichtet, fröhlich, sehnsüchtig und kreativ.

Sein Blick berührt in der Tiefe. Er heilt und verändert mich.
Das ist zum Staunen.

Ich möchte Sie einladen, sich selbst mit den Menschen dieses Buches auf den Weg zu machen.
Machen Sie Ihre eigene Erfahrung, dass Gott Sie ansieht, dass Jesus Ihnen zu einem Gegenüber wird, das Sie ansieht und Ihnen Ansehen und Würde schenkt.
Und ich wünsche Ihnen großes Staunen darüber!

Barbara Kretschmann

Inhaltsverzeichnis

Verachtet ...

Jesus segnet die Kinder

Eines Tages brachten einige
Eltern ihre Kinder zu Jesus,
damit er sie berühren und
segnen sollte. Doch die Jünger
wiesen sie ab.

Als Jesus das sah, war er sehr
verärgert über seine Jünger
und sagte zu ihnen:
„Lasst die Kinder zu mir
kommen. Hindert sie nicht
daran! Denn das Reich Gottes
gehört Menschen wie Ihnen.
Ich versichere euch:
Wer nicht solchen Glauben hat
wie sie, kommt nicht ins Reich
Gottes."

Dann nahm er die Kinder
in die Arme, legte ihnen
die Hände auf den Kopf
und segnete sie.
Markus 10,13-16

*... ans Herz
genommen*

Verachtet...

Jesus, Rabbi, heute Abend am Bett meines Kindes
sehe ich Dich wieder vor mir:
Mit welcher Wärme hast Du mein Kind
in Deine Arme genommen.
Du hast es an Dich gedrückt, als ob es Dein Kind wäre.
Du hast es angesehen und ihm gute Worte gesagt.
Sie sind tief in mein Herz gefallen als meintest Du mich.

Wenn mein Kind für Dich so viel Wert hat – was zählt
denn sonst schon ein Kind, was zähle ich als Frau! – ,
was bin ich Dir wert!

Frauen sind mit Dir unterwegs, so habe ich gehört.
Wie gerne möchte ich mit ihnen gehen, in Deiner Nähe
sein. Ich brauche so sehr das Gefühl,
geschätzt zu sein als die, die ich bin – auch als das Kind,
das ich war.

Hättest Du mich so verschüchtert,
so verstummt wie ich war,
auch in Deine Arme genommen?
Ja, ich weiß, Du hättest es getan!

Du hättest all das Verschlossene, Abgewürgte, Verlachte,
Nichtgeachtete an Dein Herz genommen.
Du ...

Du, der Du sogar Deine Jünger hart zurechtgewiesen hast.
Für sie waren wir doch nicht wichtig.
Wir hinderten doch den Meister
nur am klugen Reden,
am hohen Predigen, am Diskutieren und Studieren.

Das Reich Gottes sei wichtiger als Kinder
und Frauen, meinten sie.

Dein ehrlicher Zorn auf solche Missachtung
unserer Wünsche, ja unserer selbst,
hat uns eine Bahn frei gemacht.
Da konnten wir zu Dir ...

Ach Rabbi, dass Du ein solcher Lehrer bist,
der nicht auf Richtig und Falsch beharrt,
sondern dem mein Kind und ich wichtig sind,
das wirft mich um.

Von dieser wärmenden Liebe,
die meinem Kind und mir einen Platz
an Deinem Herzen gibt,
möchte ich leben ...

... ans Herz genommen

Nicht beachtet ...

Jesus heilt einen Gelähmten

Danach ging Jesus zu einem der jüdischen Feste nach Jerusalem hinauf. Innerhalb der Stadtmauern, in der Nähe des Schaftores, befindet sich ein Teich mit fünf Säulenhallen, der auf Hebräisch Bethesda genannt wird.
Scharen von kranken Menschen – Blinde, Gelähmte oder Ver-krüppelte – lagen in den Hallen.

Einer der Männer, die dort lagen, war seit achtunddreißig Jahren krank. Als Jesus ihn sah und erfuhr, wie lange er schon krank war, fragte er ihn:
„Willst du gesund werden?"

„Herr, ich kann nicht",
sagte der Kranke, „denn ich habe niemanden, der mich in den Teich trägt, wenn sich das Wasser bewegt. Während ich noch ver-suche hinzugelangen, steigt immer schon ein anderer vor mir hinein."

Jesus sagt zu ihm: „Steh auf, nimm deine Matte und geh!"
Im selben Augenblick war der Mann geheilt! Er rollte die Matte zusammen und begann umherzugehen.
Johannes 5,1-9

... *wahrgenommen*

Nicht beachtet ...

Da liege ich auf meiner Matte – krank, immer nur krank.
Jahre, die sich zur Unendlichkeit dehnen.
Was kenne ich schon anderes als Schwäche,
zu schwach um auf die Füße zu kommen.
Was soll ich noch hoffen?
Auf ein Wunder etwa?
Wunder sind anscheinend nur für die anderen da,
aber nicht für mich!

Manchmal packt mich die Wut auf die anderen, die aufstehen
und keinen Blick, keinen Gedanken mehr an mich
verschwenden. Manchmal möchte ich sie anschreien:
„Und ich – seht ihr mich nicht?"
Und dann versinke ich wieder in Einsamkeit.
Es kümmert sich ja doch keiner. Es ist aussichtslos.
Lasst mich doch einfach krank sein!

Aber dann kommst DU!
Ist das wahr?
Du bahnst Dir einen Weg durch die vielen Matten,
durch die vielen, die zu Dir aufschauen oder Dich ignorieren –
und bleibst einfach bei mir stehen. Bei mir!
Du siehst – nein, nicht auf mich herab. Du siehst mich an.
Mit einem Blick voll Wärme, den noch keiner für mich übrig
hatte. Und dann fragst Du – ja, was soll diese Frage –:
„Willst du gesund werden?"

Natürlich will ich ...
Oder doch nicht?
Dann müsste ich ja wieder für mich sorgen,
auf meinen Füßen stehen. Kann ich das denn noch?
„Herr, ich habe niemanden ..."
So weiche ich aus in den hoffenden Zweifel.

Dein klares Wort trifft mitten hinein,
trifft mein Herz, das nur noch sich selbst sah:
„Steh auf –
steh auf aus deiner Hoffnungslosigkeit und Resignation,
steh auf –
aus deiner Krankheitswilligkeit und Isolation,
steh auf –
aus deiner inneren Schwäche und aus deiner Wut.
Steh auf!
Nimm deine Matte, auf der du dich eingerichtet hast
und geh hin in ein neues Leben.
Deine Füße werden dich tragen!"

Und ich staune, weil Du mich ansiehst.
Und Dein Blick zieht mich in die Höhe.
Und ich gehe ...

... wahrgenommen

Ausgeblutet...

Heilung durch Glauben

Jesus ging mit Jaïrus, gefolgt von einer dichten Menschenmenge. In der Menge war auch eine Frau, die seit zwölf Jahren an Blutungen litt. Sie hatte in dieser Zeit bei vielen Ärzten Schlimmes durchgemacht. Ihr ganzes Vermögen hatte sie eingebüßt, um sie zu bezahlen, ohne dass es ihr besser ging. Es war sogar schlimmer geworden.

Diese Frau hatte von Jesus gehört. Sie kämpfte sich durch die Menge in seine Nähe und berührte den Saum seines Gewandes. Denn sie sagte sich: „Wenn ich nur seine Kleider berühre, werde ich gesund." Und im selben Augenblick hörte die Blutung auf, und sie spürte, dass sie geheilt war! Jesus merkte sofort, dass eine heilende Kraft von ihm ausgegangen war. Er wandte sich um und fragte: „Wer hat meine Kleider berührt?"

Seine Jünger sagten zu ihm: „Die Menschen umdrängen dich von allen Seiten, wie kannst du da fragen: `Wer hat mich berührt?´" Aber er schaute weiter umher, um festzustellen, wer es gewesen war. Zitternd vor Angst trat die Frau auf ihn zu, denn sie wusste, was mit ihr geschehen war. Sie warf sich ihm zu Füßen und sagte ihm, was sie getan hatte. Und er sagte zu ihr: „Tochter, dein Glaube hat dich gesund gemacht. Geh in Frieden. Du bist geheilt."
Markus 5,24-34

... *zum Leben gebracht*

Ausgeblutet...

Jesus, vom Hörensagen kannte ich Dich.
Du solltest Menschen die Hände aufgelegt haben,
sie berührt und angeredet haben – und sie wurden gesund ...
Ob ich Dich denn auch berühren dürfte?
Ob dieses einzige Mittel mir helfen würde?
Ich musste einfach die Mauer durchbrechen, die mich,
die Frau mit dem unendlichen Lebensverlust
von den Menschen trennte.
Einmal in meinem Leben musste ich das Verbotene wagen,
die Schranke überwinden. Jesus, ich wollte zu Dir!

Ich habe es getan!
Ich habe den unmöglichsten Schritt meines Lebens getan,
ich habe Dich angerührt – ich, die Unreine, habe Dich
mit mir infiziert.

Und Du? Du hast es geschehen lassen.
Du hast Deine Kraft in mich hineinfließen lassen.
Du hast mir Dein Leben geschenkt!
Du hast mich gefragt und angesehen:
Wer hat mich berührt?
Und ich musste Dir alles sagen,
die ganze Peinlichkeit und Scham meines Lebens
offen legen – meine Lebenswahrheit,
meine Lebens- und Leidensgeschichte.
Unrein – beziehungslos ...

Was hätte ich um einen Menschen gegeben,
der hinter meine Mauer schaut,
ja, der zu mir kommt und mich mit Liebe berührt!
Du hast es getan: Du hast die Lebenswunde meiner
Einsamkeit berührt und mich Deine Tochter genannt.
Ich gehöre dazu. Ich darf wieder sein.
Ich darf vorkommen, weil Du mir Ansehen gibst.

Jesus, Du, wie soll ich Dir danken?!
Vielleicht so, dass mein ausgelaufenes und entlebtes
Dasein zu einem Gefäß für Dein Leben wird?
Vielleicht so, dass mein wundester Punkt
eine Quelle wird für Deine Liebe?
Deine Liebe zu denen, denen auch das Leben
ausgeflossen ist, die ausgebrannt sind, müde,
vom Tod gezeichnet?
Eine Quelle, indem ich einfach vor Dir bin:
Deine Tochter, Dein geliebtes Kind,
das Du in den Frieden mit seinem Vater
entlassen hast.

... zum Leben gebracht

Abhängig ...

Jesus heilt den blinden Bartimäus
So erreichten sie Jericho. Als Jesus und
seine Jünger die Stadt wieder verließen,
folgte ihnen eine große Menschenmenge.

Ein blinder Bettler namens Bartimäus
(der Sohn des Timäus) saß am
Straßenrand, als Jesus vorüberging.
Als Bartimäus hörte, dass Jesus von
Nazareth in der Nähe war, begann er
zu schreien: „Jesus, Sohn Davids,
hab Erbarmen mit mir!"

„Sei still!", fuhren die Leute ihn an.
Aber er schrie nur noch lauter:
„Sohn Davids, hab Erbarmen mit mir!"

Als Jesus ihn hörte, blieb er stehen und
sagte: „Sagt ihm, er soll herkommen."
Da riefen sie den blinden Mann. „Nur
Mut", sagten sie. „Komm, er ruft dich!"

Bartimäus warf seinen Mantel ab,
sprang auf und kam zu Jesus.
„Was soll ich für dich tun?", fragte Jesus.
„Rabbuni", sagte der blinde Mann,
„ich möchte sehen!"

Da sagte Jesus zu ihm: „Geh nur. Dein
Glaube hat dich geheilt." Und im selben
Augenblick konnte der Blinde sehen!
Dann folgte er Jesus auf seinem Weg.
Markus 10,46-52

... befreit

Abhängig ...

Da, da habe ich gesessen – an der Hauswand.
Unter der sengenden Sonne bot eine Ecke
immer noch Schatten.
Ich saß auf meinem Mantel – halb ausgebreitet.
Immer wieder hörte ich das Nesteln im Beutel,
dann den helleren oder dumpferen Schlag,
wenn eine kleine oder große Münze auf den Mantel fiel.
Bis Jesus vorbeikam ...

Ich hatte es so satt,
dieses Angewiesensein auf Barmherzigkeit von oben herab.
Die Blicke, die ich ahnte und spürte,
auch wenn ich sie nicht sehen konnte.
Den unterschwelligen Ton in der Stimme,
wenn mich jemand ansprach.
Das geheuchelte Mitleid,
in dem die herablassende Dankbarkeit mitschwang:
Gut, dass ich da nicht sitzen muss.

Und dann hat es mich gepackt
als gelte es mein Leben!
Jesus, Du gingst vorüber.
Von Dir hatte ich gehört,
dass Du die, die nichts sind, ansiehst –
wahrnimmst – aufhebst – heilst.
Zu Dir wollte ich!
Bei Dir könnte mein Blindsein enden,
mein Angewiesensein;
mein Betteln müssen um ein bisschen Gesehensein
– ein bisschen Zuwendung
– ein bisschen ...

„Jesus, Du Sohn Gottes, erbarme Dich meiner!"
Ich schrie!
Jetzt oder nie – Du durftest nicht vorübergehen!
Du wolltest Jericho verlassen.
Aber ich musste vorher von Dir gehört werden,
ich musste einfach!
Aber die Leute ... die haben meine Not nicht sehen wollen.
Mein Schreien störte.

Wie Keulenschläge fiel ihre Abwehr auf mich herab:
„Sei still!" – „Schweig!" – Bleib, wo du hingehörst!"
„Dein Platz ist da, an der Wand!"
„Bist du verrückt, dass du aufmuckst,
dass du gehört werden willst!"
„Sei zufrieden mit deinem Platz.
Du hast doch alles, was du brauchst!"

Ich störte ihren Rahmen des Gewohnten.
Sie wollten nicht, dass ich sehe, wozu?
Ein Blinder ist ein Blinder – bleibt ein Blinder ...
Mich hat so der Zorn gepackt!
Jesus, ich wollte mich nicht noch einmal
klein machen lassen von ihnen.
Du solltest wissen, dass ich litt.
Wenn einer, dann Du!

Meine Seele lief über vor Not:
„Jesus", schrie ich noch lauter,
„Jesus, erbarme Dich!"

Dass Du stehen geblieben bist,
das durchzuckte mich wie ein Blitz.
Du hattest mein Schreien gehört.
Du wolltest mich sehen. Du!

Als ob ein Wunder die Menschen verwandelt hätte:
Statt mich anzuherrschen riefen sie mich zu ihm.
Menschen, die mich für Abfall hielten,
mussten Dir Stimme werden.
Jesus, Du Verwandler!
Wie eine Offenbarung klang dies Wort in meinen Ohren:
„Sei getrost, steh auf! Er ruft dich!"

Du riefst mich! Und ob mich das tröstete.
Es war plötzlich leicht und wie selbstverständlich,
meinen Mantel abzuwerfen.
Meine ganze bettelnde Vergangenheit, all das
„Gib mir, gib mir, gib mir doch etwas von Dir"
fiel von mir ab. Und ich tastete mich zu Dir, – nur zu Dir
wollte ich – zum letzten Mal blind.

Deine Stimme, sie klang so gut in meinen Ohren.
Da war kein erbarmungsloses Mitleid.
Da war echtes Mit-Leiden in Deiner Stimme.
Da waren Wärme und Güte.

Du hast mich gefragt –
als ob Du die Antwort nicht gewusst hättest.
Aber es war so gut, dass Du mich gefragt hast,
nachdem andere immer nur über mich bestimmt hatten.

Du hast mich Deiner Frage wertgeachtet:
„Was willst du, dass ich für dich tun soll?"
Ja, ich durfte etwas wollen!
Und mit meinem ganzen Menschsein,
aus den tiefsten Tiefen meiner Existenz,
legte ich Dir meine Not vor die Füße:
„Herr, dass ich ein Sehender werde."

Und Du, Du hast meinen Schrei nach Dir als Vertrauen
gewürdigt: „Dein Glaube hat dir geholfen."

Ja, und nun folge ich sehend Dir auf Deinem Weg.
Ich kann nicht anders.
Ich muss immer wieder tanzen vor Freude.
Du hast mich gehört.
Du hast mich erlöst von meiner Bettelexistenz.
Du willst mich als verantwortlichen Menschen.
Und ich will mit Dir gehen,
Deine Armut teilen und Deinen Reichtum,
mit Dir sehen und mit Dir hören.
Denn Du hast mein Herz geweckt
aus dem Erstarrtsein zum Schreien,
Du hast meine Augen geheilt
vom Blindsein zum Sehen.

Du hast mein Leben befreit
aus einsamer Abhängigkeit
zum Unterwegssein mit Dir.

... befreit

Auf Abstand ...

Jesus geht auf dem Wasser

Sofort danach schickte Jesus seine Jünger zum Boot zurück und befahl ihnen, ans andere Ufer überzusetzen, während er die Menschen nach Hause entließ. Dann stieg er allein in die Berge hinauf, um dort zu beten. Als es dunkel wurde, war er immer noch allein dort oben. In der Zwischenzeit gerieten die Jünger weit weg vom Ufer in Seenot, denn ein starker Wind war aufgekommen, und sie hatten gegen hohe Wellen anzukämpfen.

Gegen drei Uhr morgens kam Jesus über das Wasser zu ihnen. Als ihn die Jünger sahen, schrien sie entsetzt auf, denn sie hielten ihn für einen Geist. Doch Jesus sprach sie sogleich an: „Es ist gut", sagte er. „Ich bin es! Habt keine Angst."

Da rief Petrus ihm zu: „Herr, wenn du es wirklich bist, befiehl mir, auf dem Wasser zu dir zu kommen." „Dann komm", sagte Jesus. Und Petrus stieg aus dem Boot und ging über das Wasser, Jesus entgegen.

Als er sich aber umsah und die hohen Wellen erblickte, bekam er Angst und begann zu versinken. „Herr, rette mich!", schrie er. Sofort streckte Jesus ihm die Hand hin und hielt ihn fest. „Du hast nicht viel Glauben", sagte Jesus. „Warum hast du gezweifelt?" Als sie schließlich zurück ins Boot stiegen, legte sich der Wind. Da beteten ihn die Jünger an. „Du bist wirklich der Sohn Gottes!", riefen sie.

Auf der anderen Seite des Sees gingen sie in Genezareth an Land. Als die Menschen dieser Gegend Jesus erkannten, verbreitete sich dies sofort in der ganzen Umgebung. Schon bald brachten die Leute alle ihre Kranken zu ihm, damit er sie heilte. Die Kranken baten ihn, auch nur den Saum seiner Kleidung berühren zu dürfen. Und alle, die ihn berührten, wurden gesund.
Matthäus 14,22-33

... sehnsüchtig

Auf Abstand ...

„Fürchtet euch nicht. Ich bin`s!" hast Du gesagt.
Wir hatten aber Grund zum Fürchten:
Hoher Wellengang in der grauen Morgendämmerung
und dann eine helle Gestalt auf den Wogen.
Da glaubt man an Halluzinationen.
Da denkt man, dass alle Sorgen des Morgengrauens
grauenvoll leibhaftig Gestalt annehmen.

Aber da warst Du!
Petrus hat es natürlich gleich auf die Spitze getrieben:
„Wenn Du es bist, heiß mich zu Dir zu kommen
auf dem Wasser." Und Du ließest ihn auch ...

Ehrlich gesagt, ich verstehe Petrus nicht und Dich auch nicht.
Musst Du diesem Draufgänger immer nachgeben?
Musst Du das noch unterstützen, dass er sich vordrängelt?
Musst Du immer auf ihn eingehen?
Warum hast Du nicht gesagt: „Nun bleib mal schön nüchtern,
Petrus. Auf dem Wasser gehen gilt nur für mich."

Du hast mein Glaubenssystem völlig durcheinander gebracht,
Jesus, das was geht und das was nicht geht.
Ich will doch nicht abheben.
Und zu viel Risiko gehen doch nur Schwärmer ein.
Du hast mir doch einen klaren Kopf und Verstand gegeben,
um ihn zu gebrauchen. Und der sagt: „Immer schön
auf Nummer sicher setzen und im Boot bleiben."
Hast Du gerade etwas gesagt?
Ach so, Du meinst, das Boot sei auf den von Wind
aufgewühlten Wellen doch auch nicht sicher ...
Musst Du immer den Finger auf die Wunde legen?
Jedenfalls kam Petrus patschnass von seinem
Abenteuer-Wellenspaziergang zurück ins Boot.

„Ätsch, das kommt davon." –
haben wir nicht gesagt, aber gedacht.
Sagtest Du noch einmal etwas?
Ach ja, wenn ich ehrlich bin,
habe ich Petrus auch ein wenig beneidet.
Er hat Erfahrungen gemacht,
die ich im Tiefsten auch gerne gemacht hätte.
Ich hätte auch gerne erlebt, dass Du zu mir gesagt hättest:
„Komm!" – und dass Du mich dabei ansiehst!
– und dass das Wasser trägt ...
Und vielleicht auch, dass Du mich
mit Deiner Hand gepackt hättest.

Petrus hat es erlebt, dass Du ihn ansiehst und festhältst –
auch im größten Wagnis.
Aber eben – Wagnis ...

Ob ich auch beim nächsten Mal ... mit Dir ...
auf Dein Wort hin ...

... sehnsüchtig

Enttäuscht, leer ...

Jesus erscheint sieben Jüngern

Später zeigte sich Jesus den Jüngern noch einmal am See von Tiberias. Das geschah folgendermaßen: Simon Petrus, Thomas, der auch „Zwilling" genannt wurde, Nathanael aus Kana in Galiläa, die Söhne des Zebedäus und zwei andere Jünger waren dort zusammen. Simon Petrus sagte: „Ich gehe fischen." „Wir kommen mit", meinten die anderen. Also fuhren sie im Boot hinaus, doch sie fingen die ganze Nacht über nichts. Bei Morgengrauen sahen die Jünger Jesus am Ufer stehen, doch sie konnten nicht sehen, wer es war.

Er rief ihnen zu: „Freunde, habt ihr etwas gefangen?"
„Nein", antworteten sie. Da sagte er: „Werft euer Netz auf der rechten Seite des Bootes aus, dann werdet ihr etwas fangen!" Sie taten es, und bald konnten sie das Netz nicht mehr einholen, weil so viele Fische darin waren.

Da sagte der Jünger, den Jesus liebte, zu Petrus: „Es ist der Herr!" Als Simon Petrus hörte, dass es der Herr war, legte er sein Obergewand an – denn er hatte es zur Arbeit ausgezogen –, sprang ins Wasser und schwamm ans Ufer. Die anderen blieben beim Boot und zogen das gefüllte Netz hinter sich her. Sie waren etwa hundert Meter vom Ufer entfernt. Als sie ausstiegen und an Land gingen, sahen sie ein Kohlenfeuer brennen, auf dem Fisch gebraten wurde; dazu gab es Brot.

„Holt ein paar von den Fischen, die ihr gerade gefangen habt", sagte Jesus. Da stieg Simon Petrus ins Boot und holte das Netz an Land. Obwohl es mit hundertdreiundfünfzig großen Fischen gefüllt war, zerriss das Netz nicht. „Kommt her und frühstückt!", sagte Jesus. Doch keiner wagte ihn zu fragen, ob er wirklich der Herr sei. Sie wussten, dass er es war. Jesus kam auf sie zu, nahm das Brot und gab es ihnen, ebenso den Fisch. Das war das dritte Mal, dass Jesus seinen Jüngern erschien, seit er von den Toten auferstanden war.
Johannes 21,1-14

... umsorgt

Enttäuscht, leer ...

Fischen gehen, die Idee kam gerade recht.
Wir wussten doch nicht, was wir tun sollten.
Es war Nacht.
Fischen gehen, das war uns so vertraut.
Zurück ins alte Boot.
Eine Nacht des Vergessens.
Aber das Alte brachte – nichts.
Nichts – nichts – nichts ...

Und dann standest Du am Ufer und fragtest:
„Kinder, habt ihr nichts ...?"
Eine barmherzig wahre Frage. Wir hatten nichts.
Und das Nichts bohrte im Herzen und bohrte im Magen.
Die Wahrheit am Ende einer langen Geschichte mit Dir –
ohne Dich.

Du bist hineingetreten in das scheinbare Ende,
das doch nur das Ende des Eigenen war.

„Kinder" sagtest Du – und meintest uns:
Starke, Eigenmächtige, und doch so Schwache,
Ohnmächtige.

„Kinder – lasst mich doch sorgen, ihr schafft es nicht.
Im Alten liegt keine Kraft.
Ich bringe das Neue
und es beginnt immer mit meinem Wort.
Darum werft das Netz aus ..."

Du standest am Ufer – unerkannt.
Du hast uns gesehen,
ehe wir Dich erkennen konnten.
Du stelltest Dich ans Ufer der Hoffnung,
in den neuen Morgen.

Und als wir mit Mühe unseren Fang ans neue Ufer
schleppten, hattest Du schon Brot und Fisch auf das Feuer
Deiner vergebenden Liebe gelegt.

So bist Du.
Und wer sind wir, dass Du uns ansiehst,
dass Du uns aufgabelst auf den alten Wegen
des Frusts, der Enttäuschung,
um uns liebevoll ans neue Ufer abzuholen?

Du, Jesus ...

... umsorgt

Auf mich zurückgefallen ...

Jesus stellt Petrus auf die Probe

Nach dem Frühstück
sagte Jesus zu Simon Petrus:
„Simon, Sohn des Johannes, liebst
du mich mehr als die anderen?"

„Ja, Herr", erwiderte Petrus,
„du weißt, dass ich dich lieb habe."
„Dann weide meine Lämmer",
sagte Jesus.

Jesus wiederholte die Frage:
„Simon, Sohn des Johannes, liebst
du mich?"

„Ja, Herr", antwortete Petrus,
„du weißt, dass ich dich lieb habe."
„Dann hüte meine Schafe", sagte
Jesus.

Noch einmal fragte er ihn:
„Simon, Sohn des Johannes, hast du
mich lieb?"
Petrus wurde traurig, weil Jesus die
Frage zum dritten Mal stellte, und
sagte: „Herr, du weißt alles.
Du weißt, dass ich dich lieb habe."

Jesus sagte:
„Dann weide meine Schafe."
Johannes 21,15-17

... und doch geliebt

Auf mich zurückgefallen ...

Ja, Herr, Du weißt, dass ich Dich lieb habe.
Ja, Du Herr allein weißt, wie sehr dieser Satz
in meinem Herzen brennt.
Dreimal hast Du mich gefragt, dreimal habe ich
geantwortet – immer leiser.

In Deinen Augen sah ich den Blick, mit dem Du mich
nach meinem Verrat angesehen hast: Kein Vorwurf,
keine Anklage, keine Bitterkeit, nur ein „Ich kenne dich".
Ja, Du kennst mich tiefer als ich mich selbst kenne.
Meine Impulsivität, mein Draufgängertum, meinen ach so
guten Willen, meine Kraft, meine Stärke, meinen Eifer ...

Und Dein Blick legte bloß, dass das alles keinen Boden
hat. Ein Windstoß – und alles fällt hin.
Ja, ich habe mich dem Wind ausgesetzt – und mich
maßlos überschätzt. Ich wollte für Dich eintreten,
ich wollte gelten, ich wollte stark sein! Und dann reichte
eine Frage am Kohlenfeuer, und ich wurde so schwach,
wie Du es vorausgesehen hattest.
Und ein krähender Hahn hat meine Schwäche besiegelt.
Ach Herr, wer bin ich, wenn Du mich ansiehst?

Ja, Du kennst mich.
Du hast auch um die bitteren Tränen gewusst,
die ich geweint habe – weil meine Wahrheit
so furchtbar ist.
Weil mit Deinem Blick mein Bild zerbrach,
das ich so gerne festhalten wollte:
Das Bild von einem standhaften Felsen.

Warum dringt Deine Liebe so tief?
Warum ist sie so abgrundtief wahr?

... So, als wollte sie auch aus dem,
was ich für Liebe zu Dir hielt,
alle Schlacke herausbrennen.

Und doch,
Du hast mich angesehen.
Immer noch suchst Du in mir den, der ich sein soll:
Den Felsen, den Du in Deinen guten Gedanken hast.

Denn Du liebst mich, Herr.
Darum möchte ich Dich lieb haben.

... und doch geliebt

Minderwertig...

Jesus und Zachäus

Jesus kam nach Jericho und ging durch die Stadt. Dort lebte ein Mann namens Zachäus. Als einer der mächtigsten Steuereintreiber war er sehr reich. Zachäus hatte versucht, einen Blick auf Jesus zu werfen, aber er war zu klein, um über die Menge hinwegschauen zu können. Deshalb lief er voraus und kletterte auf einen Maulbeerfeigenbaum am Wegrand, um Jesus von dort aus vorübergehen zu sehen.

Als Jesus kam, blickte er zu Zachäus hinauf und rief ihn beim Namen: „Zachäus!", sagte er, „komm schnell herunter! Denn ich muss heute Gast in deinem Haus sein."

Zachäus kletterte so schnell er konnte hinunter und geleitete Jesus voller Aufregung und Freude in sein Haus. Doch den Leuten in der Menge gefiel das nicht. „Bei einem berüchtigten Sünder kehrt er als Gast ein", murrten sie. Währenddessen stellte Zachäus sich vor den Herrn hin und sagte: „Herr, ich werde die Hälfte meines Reichtums den Armen geben, und wenn ich die Leute bei der Steuer betrogen habe, werde ich es ihnen vierfach erstatten!"

Jesus erwiderte: „Heute hat dieses Haus Rettung erfahren, denn dieser Mann hat sich als Sohn Abrahams erwiesen. Der Menschensohn ist gekommen, um Verlorene zu suchen und zu retten."
Lukas 19,1-10

... angesehen

Minderwertig ...

Nun ist Jesus wieder weitergezogen.
Aber seltsam:
Mir scheint, mein Haus ist gefüllt, gefüllt mit Freude.
Er hat seine Freude hier gelassen.
Ich bin so froh:
Er hat mich angesehen, als ich auf dem Baum saß
– mich, den Zöllner, den keiner sonst gerne ansieht.
Die meisten machten einen Bogen um mich
– wie um einen Aussätzigen.
Dabei wollte ich doch auch nur leben wie sie,
na ja, gut leben.

Und gerufen hat er mich.
Woher kannte er bloß meinen Namen?
Aber es scheint mir, dass er alles weiß
ohne sein Wissen zu benutzen.
Aus seinem Mund klang mein Name wie ... ach,
ich fühlte mich endlich einmal angenommen,
nicht verspottet als der Kleine, der gerne groß sein möchte,
nicht verachtet als Geldeintreiber,
nein, gesehen als der, der ich bin ...

Ach, Jesus, hast Du tiefer geblickt?
Hast Du meine Sehnsucht gesehen,
meine Sehnsucht, jemand zu sein,
wert zu sein, so wie ich bin?

Du hast Dich bei mir eingeladen ...
Ach, wie gerne habe ich Dich aufgenommen!
Du in meinem Haus –
Das war, als ob mein Haus sich mit Güte füllte bis zum Rand.
Das war, als müsste ich Fenster und Türen aufreißen,
um ihr Raum zu schaffen.

Ja, da konnte ich nicht anders:
Du wusstest es,
aber Du hast es mir mit keinem Wort vorgeworfen.
Alle Betrügereien, alles Zuviel,
das ich genommen habe,
ich wollte es gerne zurückgeben.
Vor Deiner Güte konnte ich nicht anders als wiedergutmachen,
doppelt und vierfach.
Ja, ich möchte anders weiterleben,
ohne Maske, ehrlich, frei.

Jesus, Du hast mich angesehen.
Jesus, Du hast mir neues Ansehen gegeben.
Jesus, Du hast mich bei meinem Namen gerufen.
Jesus, Du ...

... angesehen

Bitter ...

Die Berufung Abrahams

Zug nach Kanaan

Verheißung eines Sohnes
I. Mose 12-21

... zum Lachen befreit

Bitter ...

Jetzt, ja jetzt kann ich von Herzen lachen,
jetzt, wo ich meinen Sohn im Arm halte.
Da kommen mir glatt Freudentränen.

Aber das war nicht immer so.
Als mein Mann kam und mir von einem fremden Gott erzählte,
der habe ihn aufgefordert, in ein anderes Land aufzubrechen –
da lachte ich nur verständnislos.
Was sollte das werden?
Er fragte mich nicht nach meiner Meinung.
Was galt die schon?

Wir gingen.
Ich spürte nur, dass mein Mann
von einer Hoffnung getrieben wurde,
der Hoffnung, dass aus unserer kinderlosen Ehe
doch noch eine Familie würde,
ja eine große Sippe in einem großen Land.

Mein Mann ...
Er war mein Halbbruder.
Ich weiß nicht, ob er mich jemals wirklich
als seine Ehefrau erkannt hatte.
Er hatte ja Angst,
um meiner Schönheit willen könne man ihn umbringen.
Seine Angst um sein Leben!
Was galt ihm eigentlich mein Leben?

Da war viel Bitterkeit in mir ...
Dabei habe ich doch erlebt,
dass Du, Gott meines Mannes,
endlich auch mich angesehen hast!
Das war mein Wendepunkt.

Jetzt kann ich sagen,
dass Du, Gott, auch mein Gott bist.
Ich kannte Dich nicht,
bis ich mich von Dir wahrgenommen wusste.

Ich war ja schon neidisch gewesen auf meine Magd,
nicht nur, weil sie lange vor mir
einen Sohn von meinem Mann bekommen hatte
(warum hatte ich nur diesen Vorschlag gemacht?),
sondern weil sie Dir begegnet war in der Wüste.
Sie kannte Dich.
Sie nannte sogar den rettenden Brunnen nach Dir:
„Du bist ein Gott, der mich sieht.“

Wer sah mich denn?
Nicht mal Du, Gott!

Wieder war ich im Hintertreffen:
Nicht gefragt, nicht gesehen, nicht gewürdigt …

Nur mein Mann sah mich manchmal mit einem nachdenklichen,
mal auch verschämten Seitenblick an.
Ob er sich meiner Unfruchtbarkeit schämte?
War es nicht auch seine?
Du, Gott, ich schreie Dir noch einmal diese alte Scham,
diesen alten Schmerz zu!
Zu lange hat er mich niedergedrückt, verschlossen
und bitter gemacht!

Und dann kamst Du.
Du hast mir den Sohn angekündigt,
als mein Frausein schon nicht mehr fruchtbar war.
Dann erst …
Warum, Gott?
Sollte ich das Unmögliche glauben lernen?
Ich konnte nur bitter lachen.

Du hast mich deshalb zur Rede gestellt.
Ich habe mich erst geschämt –
und dann wurde ich froh.
Du hast mich nicht überhört,
auch meine Bitterkeit nicht.
Du hast mich aufgesucht.
Du bist doch ein Gott, der mich sieht.
Aber lange, fast zu lange hast Du mich warten lassen.

Vielleicht haben mein Mann und ich
diesen langen Weg gebraucht.
Auch er mit seiner tiefen Lebensangst
musste lernen, Dir zu vertrauen,
Schritt für Schritt.
Da musste ihn erst jemand zur Rede stellen
und mich würdigen,
bis er seine Angst zugeben konnte.
Gott, lässt Du uns erst in solche Krisen geraten,
bis wir endlich unsere alten Absicherungen loslassen?

Mein Mann sah mich endlich mit anderen Augen an.
Er hatte begriffen.
Zu deutlich hattest Du ihn auf mich,
seine „Frau", und nicht seine Schwester, angesprochen.
Endlich wurde unsere Beziehung zu einer Ehe.
Da wurde ich schwanger ...

Ja, Du bist ein Gott, der mich sieht.
Du hast mich in der Tiefe anrühren
und zu Fruchtbarkeit befreien wollen.
Du hast mich von meiner Bitterkeit
und meinen Unwertgefühlen lösen wollen.
Du hast es für meinen Mann und für mich getan.
Du hast uns unsere Ehe
und einen ehrlichen Weg zueinander neu geschenkt.

Ja, wir konnten zusammen lachen und weinen.
Wir können endlich die Angst und den Schmerz
unseres Lebens miteinander teilen.
Du, Gott, hast zu mir gestanden,
Du wolltest mich und keinen Ersatz.
Ich bin Dir wert.

Danke, denn Du hast mich in meiner Not angesehen.
Dir will ich lachen!

... zum Lachen befreit

Kleingemacht...

**Auszug
des Volkes Israel
aus Ägypten**
2. Mose 1-14

... auf dem Weg zu mir selbst

Kleingemacht ...

Frei, endlich frei! Frei?
Was liegt alles hinter uns! Schinderei, Plackerei,
Schläge, Schmerzen, Angst, Schreie – ins Leere.
Schon mag ich nicht mehr an die Peitsche des
Sklaventreibers denken. Aber die Narben auf meinem
Rücken sprechen eine andere Sprache.
Auf meinem Rücken? In meinem Herzen!

Jeder Schlag hat mich kleingemacht, meiner Würde
beraubt. Und es brauchte nicht die Peitsche.
Schon jedes harte Wort schnitt in mein Herz.
Denn wer war ich schon? Nicht gefragt, nicht gehört.
Ein Objekt, um es zu benutzen – und bei Bedarf
wegzuschmeißen, zerbrochen, zerschmettert, nutzlos.
Was war mein Leben denn schon wert?
Die Knute dessen, dem ich hörig war, reichte in jeden
Winkel des Landes. Sein harter Daumen hat meinen
Rücken gekrümmt. Wozu sollte ich mich aufrichten?
Es lohnte nicht hinzusehen – noch mehr Steine,
noch mehr Arbeit, noch mehr Stöhnen ...
Aussichtslosigkeit ohne Ende ...

Und dann kam einer, der uns im Namen Gottes
Freiheit versprochen hat. Endlich! Wirklich?
Eine zarte Hoffnung begann meinen Rücken in die Höhe
zu ziehen. Aber – wer ist dieser Gott?
Wieso soll ich seinen Verheißungen trauen?
Der Gott, den ich kenne, hat nur Leistung, Leistung,
Leistung gefordert. Menschsein hat er nicht geboten!

Welchem Wort soll ich vertrauen?
Wenn es nicht ein Mensch wäre, der überzeugt ist
von seiner Ankündigung, ich wäre nicht mitgekommen.
Ich wäre zu Hause geblieben. Die Sklaverei kenne ich.

Freiheit? Ein Fest feiern?
Wer sagt mir denn dann, wo es langgeht?
Wer garantiert mir wenigstens den Sklavenfraß?
Der ist immer noch besser als Hunger mit einem Gott,
den ich nicht kenne.

All diese Gedanken und Erinnerungen sind in meinem
Herzen. Welchen soll ich trauen?
Der Aufbruch hat mich nur in eine neue Zerrissenheit
gestürzt – obwohl wir jetzt schon tagelang
ohne Peitsche laufen.

Wer bin ich hier – in der Wüste?
Wer bist Du Gott, der Du mich ansiehst aus der Wolke,
dem Feuer?

... auf dem Weg zu mir selbst

Verkrümmt, gefesselt ...

Jesus heilt am Sabbat

Als Jesus einmal an einem Sabbat in der
Synagoge lehrte, sah er eine Frau, die durch
einen bösen Geist verkrüppelt war. Seit achtzehn Jahren war sie verkrümmt und konnte
nicht gerade stehen.

Als Jesus sie sah, rief er sie zu sich und sagte:
"Frau, du bist von deiner Krankheit erlöst!"
Dann berührte er sie, und sofort konnte
sie sich aufrichten. Da lobte sie Gott
und dankte ihm!

Der Synagogenvorsteher war jedoch empört
darüber, dass Jesus die Frau an einem Sabbat
geheilt hatte. "Die Woche hat sechs Tage, an
denen man arbeiten kann", sagte er zu den
Versammelten: "Kommt an diesen Tagen, um
euch heilen zu lassen, aber nicht am Sabbat."

Doch der Herr sagte: "Ihr Heuchler!
Arbeitet ihr nicht auch am Sabbat, wenn ihr
euren Ochsen oder Esel im Stall losbindet
und zur Tränke hinausführt?
War es denn nicht genauso dringend,
dass ich diese gute Frau − auch wenn gerade
Sabbat ist − von der Fessel befreite, in der der
Satan sie seit achtzehn Jahren gefangen hielt?"

Damit beschämte er seine Feinde.
Und alle anderen freuten sich über
die wunderbaren Dinge, die er tat.
Lukas 13,10-17

... aufgerichtet, gelöst

Verkrümmt, gefesselt...

Jesus, Du hast mich gesehen.
Warum hast Du mich nicht übersehen wie alle andern?
Ich konnte es nicht sehen aber fühlen,
wie ihre Blicke über mich hinwegglitten.
Hinwegglitten über mich, die krummgebogene Frau,
die gar nicht mehr aufsehen konnte.

Wer war ich schon?
Alle hatten ihre Lasten auf mir abgeladen.
„Schwierig ist sie", haben sie gesagt,
„sie will nicht so, wie wir wollen."
Und ihr Wille hat mich gebeugt,
bis auch mein Inneres sich unterwarf und schwach wurde.
Jesus, ich war so geknickt,
abgeknickt wie eine Blüte,
die jemand in den Staub getreten hat.

Jesus, Du siehst mich,
die ich nicht angesehen bin.
Du rufst mich,
die ich Dich nicht kannte und sehen konnte.
Deine Stimme ist – so anders als alle Stimmen.

Endlich eine Stimme, die sich nicht vorbeilügt
an meinem Buckel und an meiner Schwäche.
Endlich eine Stimme, die mit meinen Fesseln fühlt.
Ja, ich bin gebunden,
gefesselt an meine beengte Innenwelt,
an mein schreiendes, verkrümmtes Ich.
Wie diese Fesseln einschneiden,
mich zur Verzweiflung bringen!

Und Du?
Erbarmst Du Dich über meine Fesseln?
Siehst Du, hörst Du meinen stummen Schrei?

Ist es wahr?
Ich spüre Deine Hände auf mir.
Du berührst mich –
mit der keiner in Berührung kommen will.
Mein Herz macht einen Sprung!
Und mein Rücken?
Ich kann mich strecken, ich wachse,
die Fesseln fallen ab!

Dein Wort, Jesus, erlöst mich.
Ich lebe – und ich will Dich loben!

... aufgerichtet, gelöst

Wertlos ...

Die Geburt von Johannes dem Täufer wird vorausgesagt

Zu der Zeit, als Herodes König von Judäa war, lebte ein jüdischer Priester namens Zacharias. Er war Priester von der Ordnung des Abija, und auch seine Frau Elisabeth stammte aus dem Priestergeschlecht Aarons. Zacharias und seine Frau führten ein gottesfürchtiges Leben und befolgten alle Gebote und Vorschriften des Herrn. Sie hatten keine Kinder, weil Elisabeth unfruchtbar war, und jetzt waren sie beide schon sehr alt.

Eines Tages, als Zacharias seinen Dienst im Tempel verrichtete, weil in dieser Woche seine Ordnung an der Reihe war, wurde er nach priesterlichem Brauch durch das Los dazu ausgewählt, das Heiligtum zu betreten, um das Rauchopfer darzubringen. Währenddessen stand draußen eine große Menschenmenge und betete.

Als Zacharias im Heiligtum war, erschien ihm ein Engel des Herrn. Dieser stand rechts neben dem Altar für das Rauchopfer. Zacharias erschrak bis ins Herz, doch der Engel sagte: „Hab keine Angst, Zacharias! Gott hat dein Gebet erhört. Deine Frau Elisabeth wird dir einen Sohn schenken, und du sollst ihn Johannes nennen. Du wirst überglücklich sein bei seiner Geburt, und viele Menschen werden sich mit dir freuen, denn er wird in den Augen des Herrn groß sein. Er wird keinen Wein oder andere berauschenden Getränke anrühren und schon vor seiner Geburt mit dem Heiligen Geist erfüllt werden. Und er wird viele Israeliten dazu bringen, sich wieder dem Herrn, ihrem Gott, zuzuwenden. Er wird ein Mann mit dem Geist und der inneren Kraft des Propheten Elia sein, der dem Herrn vorausgeht und das Volk auf seine Ankunft vorbereitet. Er wird die Herzen der Väter ihren Kindern zuwenden und die Ungehorsamen dazu bewegen, sich der göttlichen Weisheit zu öffnen."

Zacharias fragte den Engel: „Wie kann ich sicher sein, dass das wirklich geschehen wird? Ich bin jetzt ein alter Mann, und auch meine Frau ist schon in fortgeschrittenem Alter." Da sagte der Engel: „Ich bin Gabriel. Ich habe meinen Platz in der Gegenwart Gottes. Er hat mich mit dieser frohen Botschaft zu dir gesandt! Weil du meinen Worten nicht geglaubt hast, wirst du nicht mehr sprechen können, bis das Kind geboren ist. Denn meine Worte werden sich erfüllen, wenn die Zeit gekommen ist."

Mittlerweile warteten die Menschen draußen auf Zacharias und wunderten sich, wo er so lang blieb. Als er endlich heraustrat, konnte er nicht zu ihnen sprechen. An seinen Gesten erkannten sie jedoch, dass er im Heiligtum des Tempels eine Vision gehabt hatte. Er blieb im Tempel, bis die Zeit seines Dienstes vorüber war, und ging dann nach Hause. Kurze Zeit später wurde seine Frau Elisabeth schwanger. Sie zog sich fünf Monate lang zurück.

„Wie gütig doch der Herr ist!", rief sie. „Er hat mich von der Schande der Kinderlosigkeit befreit!"
Lukas 1,5-25

... angesehen

Wertlos ...

Ach, Gott, dass Du mich angesehen hast!
Mein Mann hat mich in all den Jahren unserer Ehe
zuerst begehrend angesehen, dann nachdenklich,
auch fordernd, schließlich bekümmert,
und nun lese ich seit Jahren
die stille Resignation in seinem Blick.
Er, der hauptamtlich Fromme, hat kein Kind.
Ich, ich Frau eines Frommen habe nicht empfangen.
Was für eine Erniedrigung!

Wie viele Blicke der Leute sind über mich hinweggegangen,
mitleidig, abschätzend, beschuldigend!
Welche Schuld musste ich auf mich geladen haben,
dass Gott meinen Leib verschloss?
Wie viele Finger zeigten stumm auf mich
mit dieser Anklage!

Du Gott, zu Dir habe ich all die Nächte
gebetet, gefleht, geklagt – Dich auch angeklagt.
Wie oft ist mein stummer Schrei
in der Nacht verklungen, wenn ich wieder hoffte
und wieder enttäuscht war.
Und wenn ich den stummen
enttäuschten Blick meines Mannes fühlte.
Den ganzen Jammer all der Jahre
– wie soll ich ihn schildern?

Du zählst meine Tränen,
Du sammelst sie in Deinen Krug,
so sagt der Prophet.
Wie oft habe ich an Sara denken müssen,
die dasselbe Leid getragen hatte
– und deren Kummer doch im Lachen endete.
Mit wie viel Sehnsucht habe ich zu diesem Gott gebetet,
der Sara besucht hat.
Aber wer war ich schon?
Nicht Abrahams Frau, nur die Frau eines Priesters
in einer unendlich langen Folge von Priestern.
Und Du, Gott, schwiegst ...

Aber nun ist das Wunder geschehen!
Du hast die Not meines Lebens angesehen,
du hast mich angesehen
bis in die Tiefe meines Herzens,
meiner Klage und meiner Schnsucht!
Und mein Herz hüpft,
weil mein Kind in mir hüpft!
Du Gott Abrahams und Saras,
Du, mein Gott!

... angesehen

Belastet ...

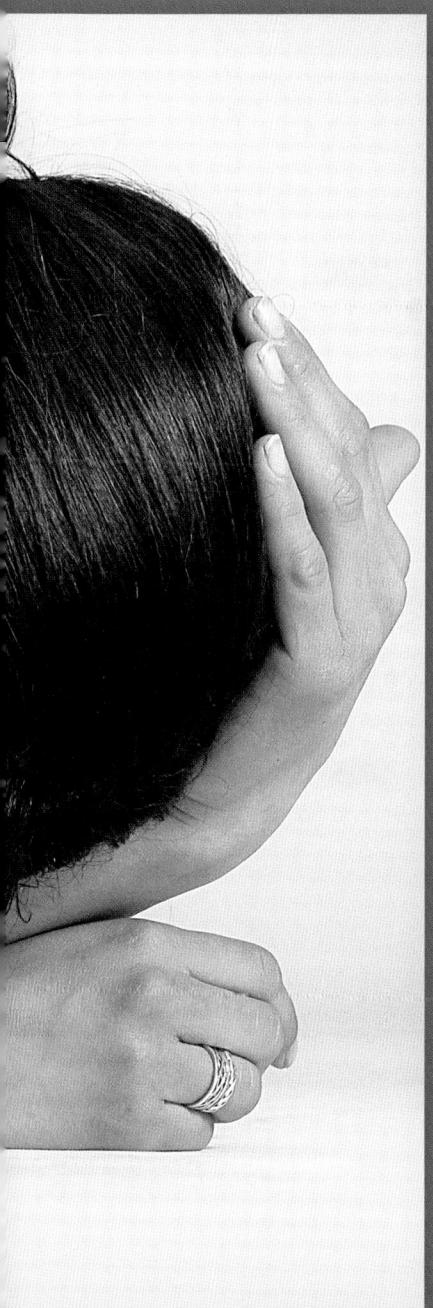

Jesus wird geboren
Zu jener Zeit ordnete der
römische Kaiser Augustus
eine Volkszählung im ganzen
Römischen Reich an.

Dies war die erste Volkszählung;
sie wurde durchgeführt,
als Quirinius Statthalter von
Syrien war.

Alle Menschen kehrten in ihre
Heimatstadt zurück, um sich für
die Zählung eintragen zu lassen.

Weil Josef ein Nachkomme
Davids war, musste er nach
Bethlehem in Judäa, in die Stadt
Davids, reisen. Von Nazareth
in Galiläa aus machte er sich
auf den Weg und nahm seine
Verlobte Maria mit, die
hochschwanger war.
Lukas 2,1-5

... geborgen

Belastet...

Du Kind in mir, Du kleines,
das Du Jesus heißen sollst,
ich spüre Dich, wie lebendig Du in mir bist,
wie Du ins Leben willst.
Und ich spüre auch eine Schwere ...

Wenn Du schon sehen könntest,
würdest du Josef erblicken,
wie er sich müht, ein Quartier zu finden.
Er ist schon sehr müde, ja frustriert.
Und meine Füße können Dich nicht mehr tragen.
Unter uns ist nur der Esel ...

Du, ich hätte Dir eine andere Ankunft gewünscht,
ein weiches Bettchen, eine Hebamme –
und mir meine Mutter, die sich mit Kinderkriegen auskennt.
Du, Gott, hast mich angesehen,
sonst wärest Du, Jesus, jetzt nicht in mir.
Aber warum musst Du diese Not erleben,
keinen Platz zu haben?
Wo sollen wir hin?

Jesus, Du Kind in mir, ich spüre Dich.
Ich spüre Deinen Lebenswillen.
Spürst Du meine Müdigkeit, meine Erschöpfung,
meine Traurigkeit?
Und dennoch möchte ich meine Arme um Dich legen,
Dich bergen, Dich behüten
vor den bösen Überraschungen dieser Welt,
die uns auf diesen Weg geschickt haben.
Vor den Besatzern, die uns nur schikanieren,
vor den Mächtigen, die uns unterdrücken und ängstigen,
vor den Gewalttätern, die auf Tod und Rache sinnen ...

Ich möchte Deine Angst spüren und bergen,
Dein Weinen und Dein Lachen,
Deine Zufriedenheit und Deine Ungeborgenheit,
Deine Neugier und Dein Erschrecken ...
Du in mir – und wir in Gott ...
Denn er hat mich angesehen ...

Du, Gott, hast mich angesehen
– in meinem Widerstreben und in meinem Wollen.
In meiner Furcht vor Dir und in meiner Freude zu Dir.
In meiner Hoffnung und in meiner Niedergeschlagenheit.
In meinen Zweifeln und in meinem Vertrauen.
Du hast Heimat genommen in meiner Zerrissenheit.
Ist das Frieden zwischen Himmel und Erde?

Und immer noch siehst Du mich an
– aus den Augen meines werdenden Kindes ...

... geborgen

Unterdrückt ...

Die Hirten und Engel

In jener Nacht hatten ein paar Hirten auf den Feldern
vor dem Dorf ihr Lager aufgeschlagen, um ihre Schafe
zu hüten. Plötzlich erschien ein Engel des Herrn in
ihrer Mitte. Der Glanz des Herrn umstrahlte sie. Die
Hirten erschraken, aber der Engel beruhigte sie. „Habt
keine Angst!", sagte er. „Ich bringe eine gute Botschaft
für alle Menschen! Der Retter – ja, Christus, der
Herr – ist heute Nacht in Bethlehem, der Stadt Davids,
geboren worden! Und daran könnt ihr ihn erkennen:
Ihr werdet ein Kind finden, das in Windeln gewickelt
in einer Futterkrippe liegt!"

Auf einmal war der Engel von den himmlischen
Heerscharen umgeben, und sie alle priesen Gott mit
den Worten: „Ehre sei Gott im höchsten Himmel und
Frieden auf Erden für alle Menschen, an denen Gott
Gefallen hat."

Als die Engel in den Himmel zurückgekehrt waren,
sagten die Hirten zueinander: „Kommt, gehen wir
nach Bethlehem! Wir wollen das Wunder, von dem
der Herr uns erzählen ließ, mit eigenen Augen sehen." Sie liefen so schnell sie konnten ins Dorf und
fanden Maria und Josef und das Kind in der Futterkrippe.

Da erzählten die Hirten allen, was geschehen war und
was der Engel ihnen über dieses Kind gesagt hatte.
Alle Leute, die den Bericht der Hirten hörten,
waren voller Staunen.
Lukas 2,8-18

... *wahrgenommen*

Unterdrückt ...

Was für ein Aufruhr hinter verschlossenen Türen!
Da hatten die Kaiserlichen wieder mal
in den Gassen gestanden mit ihren Pferden.
Wir mussten alles stehen und liegen lassen und kommen.
„Geht in eure Heimatstadt!", hieß es.
„Wir wollen wissen, wie viel Köpfe ihr unwürdiges Volk seid.
Los, los, packt und geht los!"

Wir verzogen uns in die Häuser:
„Schon wieder so ein unsinniger Erlass.
Die wollen uns nur schinden.
Jetzt Haus und Hof und Äcker verlassen.
Das ist denen doch egal, wie es uns geht!
Und der Arbeitsausfall interessiert die nicht.
Ihre Steuern wollen sie dennoch kassieren!"
Hinter vorgehaltener Hand brodelte es.
Ein zu lautes Wort hätte uns Kopf und Kragen gekostet.
Wir hatten nichts zu wollen.
Hin- und herschicken konnte man uns,
machen mit uns, was man wollte.
Egal waren wir denen.
Humankapital!
Wissen wollten sie, die da oben,
wie viel sie davon verkaufen können.
Marktwert statt Menschenwert!

Druck, nichts als Druck.
Und immer noch konnte man Neues finden,
um uns zu bedrücken.
Der Kaiser! Gott wollte er spielen.
Was für ein Gott, ein Bedrücker,
ein Tyrann, ein Sklaventreiber.
Der strafte statt zu loben.

Der abkassierte.
Der uns gar nicht sah.
Der uns nur benutzte, um uns Angst zu machen.
Machtgierig war er.
Beherrschen wollte er, befehlen, kommandieren,
vorgeben, was richtig ist
und wie wir es ihm recht machen sollen.
Wir sind doch nur Futter, das man missbrauchen
und ausnutzen kann.

Und dazu hast Du, Gott, geschwiegen!
Zornig bin ich auf Dich! Wütend!
Warum schreitest Du nicht ein?
Sind wir nicht Menschen aus Deiner Hand?
Siehst Du uns denn?
Fühlst Du, was wir leiden?
Ich schreie zu Dir mit erhobenen Fäusten,
rechten will ich mit Dir!

Und dann war unsere Stadt an eigenen Bewohnern halbleer.
Nur Chaos auf den Gassen.
Da rückten alle möglichen Leute an und behaupteten,
hier geboren zu sein.
Wir mussten ihnen noch Betten freimachen und wussten nicht,
was für hergelaufenes Gesindel darunter war,
das die Unruhe nur ausnutzt.
An allem war der Kaiser schuld –
und Gott, der ihm keinen Einhalt gebietet!

Aber heute, da brachten Leute vom Feld,
abgerissene Hirten, eine seltsame Nachricht.
Der Retter sei geboren, der Christus ...

Wir haben sie ausgelacht.
Aber sie waren so voll Freude und strahlten,
wie ich solche Leute nie habe strahlen sehen.

Hat Gott uns doch gesehen?
Hast Du, Gott, unser Elend doch angesehen?

Siehst Du mich mit dem Druck auf der Brust,
mit der Last auf dem Rücken?

Willst Du uns – willst Du mich besuchen?

... wahrgenommen

Ausgeraubt, erschlagen ...

Das Gleichnis vom barmherzigen Samariter

Ein Mann, der sich im Gesetz Moses besonders gut auskannte, stand eines Tages auf, um Jesus mit folgender Frage auf die Probe zu stellen: „Meister, was muss ich tun, um das ewige Leben zu bekommen?" Jesus erwiderte: „Was steht darüber im Gesetz Moses? Was liest du dort?" Der Mann antwortete: „'Du sollst den Herrn, deinen Gott, von ganzem Herzen, von ganzer Seele, mit deiner ganzen Kraft und all deinen Gedanken lieben.' Und: 'Liebe deinen Nächsten wie dich selbst.'" „Richtig!", bestätigte Jesus. „Tu das, und du wirst leben!" Der Mann wollte sich rechtfertigen; deshalb fragte er Jesus: „Und wer ist mein Nächster?"

Jesus antwortete: „Ein Mann befand sich auf der Straße von Jerusalem nach Jericho, als er von Räubern überfallen wurde. Sie raubten ihm seine Kleider und sein Geld, verprügelten ihn und ließen ihn halb tot am Straßenrand liegen. Zufällig kam ein jüdischer Priester vorbei. Doch als er den Mann dort liegen sah, wechselte er auf die andere Straßenseite und ging vorüber. Dann kam ein Tempeldiener und sah ihn ebenfalls dort liegen; doch auch er ging auf der anderen Straßenseite vorüber. Schließlich näherte sich ein Samariter. Als er den Mann sah, empfand er tiefes Mitleid mit ihm. Er kniete sich neben ihn, behandelte seine Wunden mit Öl und Wein und verband sie. Dann hob er den Mann auf seinen eigenen Esel und brachte ihn zu einem Gasthaus, wo er ihn versorgte. Am nächsten Tag gab er dem Wirt zwei Denare und bat ihn, gut für den Mann zu sorgen. 'Sollte das Geld nicht ausreichen', sagte er, 'dann werde ich dir den Rest bezahlen, wenn ich das nächste Mal herkomme.'

Wer von den dreien war nun deiner Meinung nach der Nächste für den Mann, der von Räubern überfallen wurde?", fragte Jesus. Der Mann erwiderte: „Der, der Mitleid hatte und ihm half." Jesus antwortete: „Ja. Nun geh und mach es genauso." Lukas 10,25-37

… geheilt

Ausgeraubt, erschlagen ...

Ausgeraubt, halbtot liege ich am Weg.
Man hat mir alles genommen, meine Lebensmöglichkeiten,
meinen Lebensraum, meine Freiheit zu fühlen und zu wollen.
Man hat mich zusammengeschlagen,
mich getreten, wie Abfall an den Straßenrand geworfen.
Beraubt, meinen Rücken zerschunden.
Zusammengetreten – wie der Weg, auf dem ich lief.
Tot – wie der Weg, der nicht fühlt.
Entlebt.

Und da kommen sie, die Frommen,
die alle Wahrheiten gepachtet haben.
Sie sehen mich – und sehen vorbei – und gehen weiter ...
Störe ich ihr ästhetisches Empfinden,
ihre Theologie, in der das reale Leid keinen Platz hat?
Werfen sie mir vor, ich habe nicht recht gehandelt?
Was wissen sie denn von Räubern und Wegelagerern,
die gut getarnt am Wege lauern?
Von den Räubern, die meine Lebensfreude an sich gerissen,
meine Kraft geraubt, mein Leben gestohlen haben ...
Können sie überhaupt noch mitfühlen,
sie, die alles recht machen?
... und so gut darüber Bescheid wissen?
Sie, die sich die Finger nicht schmutzig machen wollen ...
Sie, die über allem Wissen den Zorn
über Ungerechtigkeit und zugefügtes Leid an Unschuldigen
für unter ihrer Würde halten ...
Sie, die ihre eigene heile Welt geschaffen haben
und erhalten wollen ...
Kennen sie ihre eigenen Wirklichkeiten?
Kennen sie eigentlich ihr eigenes Leid?
Fühlen sie noch ihren eigenen Schmerz?
Wollen sie überhaupt sich selbst begegnen?

Und da liege ich immer noch in der Hitze,
dem Staub und dem Durst ausgesetzt
– Durst nach Wasser – Durst nach Leben.
Ich kann mich nicht rühren.
Ist es nicht besser zu sterben und nicht mehr zu hoffen?
Ich halte die Hoffnung nicht mehr aus, dass doch einer käme –
und erst recht nicht die immer neue Enttäuschung.
Lass mich sterben! Ich gebe auf ...

Aber da hält ja tatsächlich einer.
Hat er mich gesehen und nicht vorbeigeschaut?

Er sieht mich an ...
Er sieht meine Wunden, meine Verletzungen ...
Er spricht mich an ...
Er fühlt mit mir ...
Er nimmt Öl und Wein für meine Wunden.
Das Öl lindert. Der Wein belebt.
Bringst Du doch Hoffnung zu mir,
Du Barmherziger?

... geheilt

Voll Furcht, gelähmt ...

Jesus erweckt ein Mädchen vom Tod

Als Jesus auf die andere Seite des Sees zurückkehrte,
versammelte sich eine große Menge am Ufer um ihn.
Einer der Vorsteher der örtlichen Synagoge, ein Mann
namens Jaïrus, kam zu ihm, fiel vor ihm nieder und bat ihn
inständig, seine kleine Tochter zu heilen. „Sie liegt im Sterben",
sagte er verzweifelt. „Bitte, komm und lege ihr deine Hände auf;
mach sie gesund, damit sie am Leben bleibt." Jesus ging mit
ihm, gefolgt von einer dichten Menschenmenge.

Während Jesus noch mit ihr sprach, trafen Boten vom Haus des
Jaïrus ein mit der Nachricht: „Deine Tochter ist tot. Du brauchst
den Lehrer nicht mehr zu bemühen." Doch Jesus ging über ihre
Worte hinweg und sagte zu Jaïrus: „Hab keine Angst. Glaube
nur." Er wies die Menge an zurückzubleiben und nahm nur
Petrus, Jakobus und Johannes, den Bruder des Jakobus, mit.
Als sie zum Haus des Synagogenvorstehers kamen, sah Jesus
die aufgeregte Menge und die vielen weinenden und klagenden
Menschen. Er ging hinein und sagte zu ihnen: „Warum sind alle
so aufgeregt und weinen? Das Kind ist nicht tot; es schläft nur."

Da lachten sie ihn aus, aber er schickte sie alle hinaus.
Zusammen mit dem Vater und der Mutter des Mädchens und
seinen drei Jüngern ging er in das Zimmer, in dem das Kind lag.
Er nahm seine Hand und sagte zu ihm: „Mädchen, ich befehle
dir, steh auf!" Sofort stand das Mädchen auf und ging umher;
es war zwölf Jahre alt! Und alle waren sehr darüber erstaunt.

Jesus befahl ihnen, niemandem zu erzählen, was geschehen
war, und sagte, sie sollten ihr etwas zu essen geben.
Markus 5,21-24;35-43

... ins Leben gerufen

Voll Furcht...

Jesus, ich habe nicht mehr geglaubt,
dass Du hilfst.
Meine Tochter, 12 Jahre,
in der Knospe Frau zu werden –
sie lag im Sterben.
Sie, die zum Leben bestimmt war,
ausgezehrt, erschöpft, welk, kraftlos, wie tot.
Dabei sollte sie blühen, Lebendigkeit ausstrahlen,
fühlen und sich hingeben.
Eine Frau werden, die andere bezaubert
mit Charme und Einfühlungsvermögen.

Da kamst Du.
Ich bat Dich inständig, auf Knien:
„Komm in mein Haus.
Meine Tochter liegt in den letzten Zügen.
Komm, Meister, komm!"

Aber da war die Menschenmenge.
Sie drängte und umdrängte Dich.
Es war kein Vorankommen,
und es ging doch um Minuten.
Ich hätte Dich am Ärmel packen
und vorwärts zerren mögen.
Und dann bliebst Du auch noch stehen,
weil eine unreine Frau Dich berührt hatte.
Ja, sie hatte es auch aus Not getan.
Jetzt mag ich ihr zugestehen,
dass es bei ihr auch um Leben oder Tod ging.
Aber für mich doch auch.
Meine geliebte Tochter!

Ich war am Verzweifeln, erregt, ja zornig auf Dich.

Und dann kamen da auch noch die Leute, die andeuteten:
Sie ist gestorben.
Es lohnt nicht, den Meister weiter zu bemühen.
Ich stand wie erstarrt, gelähmt.
Sie ist tot!
Hätte ich ihn doch zu mir nach Hause zerren können!
Ihn packen und zwingen!
Ich war so enttäuscht!

Und da sahst Du mich an:
Du hast mir ins Herz gesehen.
„Fürchte dich nicht!
Glaube nur, so wird deine Tochter gesund."
Das Wort durchfuhr mich wie ein Lichtstrahl,
der mein Herz berührt.
Du wolltest mir Mut machen.
Mir, der ich so viel Angst um meine Tochter hatte.
Vielleicht habe ich sie erdrückt
mit meiner Furcht, sie könnte ...
Glauben konnte ich dennoch nicht.
Es wurde nur stiller in mir.

Und ich konnte Dir folgen,
als Du ruhig weitergingst zu meinem Haus.
Da standen sie, weinten und klagten,
schrieen und trauerten.
Wie ich sie hasste in diesem Moment, die Klageweiber.
Ich wollte den Tod doch nicht glauben!
„Seid still, sie schläft!", befahlst Du.
Sie lachten.
Ich konnte nicht lachen und nicht weinen.
Du berührtest sie.
„Mädchen, steh auf!", befahlst Du.
Mein Herz setzte aus.
Was geschah hier?
Konntest Du etwas Totes, Gestorbenes
zum Leben erwecken?

Und sie stand auf.
„Gebt ihr zu essen!", war Dein dritter Befehl.

Wer bist Du, dass Du dem Tod befiehlst zu weichen?

Wer bist Du, der Du mein Kind ins Leben rufst?

Wer bist Du, der Du das im Fühlen
und Aufblühen Abgestorbene
wieder mit Saft und Kraft füllst?

Wer bist Du, bei dem die „Realität"
nicht das letzte Wort hat?

Jesus, wer bist Du?
Rufst Du auch mich ins Leben?

... ins Leben gerufen

Voll Traurigkeit ...

Jesus erscheint Maria Magdalena
Maria stand weinend draußen
vor dem Grab, und während sie weinte,
beugte sie sich vor und schaute hinein.

Da sah sie zwei weiß gekleidete Engel
sitzen, einen am Kopf- und einen am
Fußende der Stelle, an der der Leich-
nam von Jesus gelegen hatte.

„Warum weinst du?",
fragten die Engel sie.
„Weil sie meinen Herrn
weggenommen haben",
erwiderte sie, „und ich nicht weiß,
wo sie ihn hingelegt haben."

Sie blickte über ihre Schulter zurück
und sah jemanden hinter sich stehen.
Es war Jesus, aber sie erkannte ihn
nicht.

„Warum weinst du?", fragte Jesus sie.
„Wen suchst du?"
Sie dachte, er sei der Gärtner.
„Herr", sagte sie, „wenn du ihn
weggenommen hast, sag mir,
wo du ihn hingebracht hast;
dann gehe ich ihn holen."

„Maria!", sagte Jesus. Sie drehte sich um
zu ihm und rief aus: „Meister!"
Johannes 20,11-18

... ermutigt

Voll Traurigkeit ...

„Maria!"
Wie anders klingt seitdem mein Name in meinen Ohren!
Es ist mein Name, mit dem er mich gerufen hat –
Nein, nicht der Gärtner, er – Jesus – rief mich!
Er hat mich gesehen, als ich mir die Augen ausweinte,
da am Grab.

Wo war er? Hatten sie ihn weggenommen,
ihn, die Quelle meines Lebens?

Befreit hatte er mich aus unendlich starken Fesseln, die
mein Leben eingeschnürt, festgebunden, eingefroren hatten.
Todeskalt war mein Inneres gewesen.
Der endgültige Tod hätte nicht schlimmer sein können.
Das hatte er gesehen und meine Fesseln,
meinen Tod vernichtet.

Er ist mein Leben. Da konnte ich ihn nur lieb haben!
Und jetzt sollte ich ihm, dem Liebhaber meines Lebens,
keinen Liebesdienst mehr erweisen können?
Ich konnte nur weinen, weinen, weinen ...

„Sie haben meinen Herrn weggenommen", so klagte ich.
Ich finde den nicht mehr wieder, der er für mich war:
Verlegt, verloren, vergraben, vergessen, verzerrt,
verborgen – der Jesus meines Lebens. Wo bist Du?

Da traf mich Deine zarte Frage – und ich ahnte noch nicht,
dass Du Dich verhüllt offenbartest in menschlicher Frage:
„Warum weinst du? Wen suchst du?"

Dass Du meine Tränen so ernstgenommen hast ...
Dass Du meine Trauer gesehen hast ...

Dass Du in den Raum meiner Klage eingetreten bist –
um sie aufzunehmen,
um sie mit Deiner Liebe zu berühren ...

Jesus, Meister! Festhalten wollte ich Dich,
nicht wieder lassen aus dem Raum neuen Lebens
und neuer Liebe. Nie wieder loslassen.

Aber Du hattest Neues, einen Auftrag: „Geh ...!"
Nicht allein bleiben mit Dir, Dich auskosten bis zur Neige.
Nein, losgehen und andere hereinholen in den Raum des
Lebens. Ich – die Du ins Leben geholt hast – sollte
Lebensbotin werden.

„Maria", – wie anders klingt mein Name in Deinem Mund.
Angesehene, Angerufene, ins Leben Gerufene
und zum Leben Berufene, gerufen,
um selbst ins Leben zu rufen ...

... ermutigt

Nachwort

Nun sind Sie einen Weg gegangen mit Menschen,
die Gott, die Jesus begegnet sind.

Jetzt gehen Sie wieder Ihren eigenen Weg
– mit all den Höhen und Tiefen Ihres Lebens,
mit Freuden und Leiden, Verwundungen
und Schmerzen, Trauer und Sehnsucht,
mit Wut- und Freudentränen …

Lassen Sie sich doch von der Bibel inspirieren
und begegnen Sie Jesus auf Ihre ganz eigene Weise.
Entdecken Sie Texte für sich, wie Sie sie noch nie
wahrgenommen haben: Da komme ja ich vor!
Ich bin wie diese Frau, dieser Mann, dieses Kind!

Und vielleicht schreiben Sie Ihren eigenen Text:

„Er hat mich angesehen!"

Barbara Kretschmann

1953 geboren und aufgewachsen in der Lüneburger Heide. Mein Elternhaus kann man als durchaus christlich bezeichnen. Aber schon damals hatte Gott keine Enkel. Ich wollte auch Christ sein, aber was musste ich (noch) dazu tun, sprich leisten? Als diakonische Helferin in der Christusbruderschaft Selbitz überraschte mich das Wunder der Gewissheit: Weil Jesus mich recht gemacht hat, muss ich wirklich nichts mehr dazu tun, wow!

Im Studium der Sonderpädagogik in Gießen studierte ich gleichzeitig Leben und Lachen in der SMD (Studentenmission in Deutschland e.V.). Eine Konferenz derselben ließ mich innerlich aufhorchen: Das Leben muss nicht geradlinig verlaufen: Schule – Studium – Beruf – Pensionierung – fertig. Es gibt noch den Horizont des Reiches Gottes ...
Der holte mich ein, als ich schon acht Jahre im Sonderschuldienst in Aurich/Ostfriesland – und nebenbei verantwortlich im CVJM e.V. – war. 1988 hörte ich wieder hin und wechselte in ein freies christliches Werk (MBK e.V.) in Bad Salzuflen, um dort das Tagungshaus und dann auch die Studienarbeit zu leiten.

Aber auch dort brachten Veränderungen mich erneut zum Hören: Das Ergebnis war, dass ich das Quellhaus bezog – ein Fachwerkhaus am Rande Bad Salzuflens. 2001 gründeten wir mit einem kleinen Freundeskreis den Quellhaus e.V.. Damit erschloss sich ein auf Seelsorge und Beratung, Seelsorgetage und Seminare ausgerichtetes Arbeitsfeld. Dort höre ich zusammen mit Menschen darauf, wie Jesus als ihr Heiland mehr Leben ins Leben bringen will und wie Gottes schöpferische Farben in ihnen mehr zum Leuchten kommen können.

Fotografen

Weitere Bildbände aus dem Kawohl Verlag

Doro Zachmann · Ich bin da, dir ganz nah
Gottes liebevolles Reden hat uns so viel Ermutigendes zu sagen. Seine Zusagen gelten in jeder Lebenssituation. Einfühlsam öffnen Sie das Herz für die himmlische Sicht auf zentrale Lebensthemen wie Vergebung, Trost, Führung, Hoffnung oder Segen.
Bildband, 96 Seiten, 14 x 21 cm, durchg. bebildert.
RKW 5112 · ISBN: 978-3-86338-112-7

Johannes Hansen · Unendlich geborgen
56 Psalm-Meditationen für das ganze Leben
Sie sind eine Sammlung aus bekannten und noch nicht veröffentlichten Texten. Sensible Gedanken, provozierende Impulse und mitreißende Wortketten nehmen Sie in eine Besinnung hinein, die Ihr Denken und Handeln verändern kann.
RKW 777 – 128 Seiten, durchgehend bebildert
ISBN 978-3-88087-777-1

Irmgard Powierski · Jeder Tag ein Anfang
Jeder Morgen bietet neue Chancen. Was auch immer der Tag bringt – Gott wird dabei sein. Die lyrischen Impulstexte von Irmgard Powierski gehen unter die Haut. Die Zeilen führen in die Stille und lenken den Blick auf den, der uns neue Kraft schenkt.
Bildband, 128 Seiten, 12,5 x 17 cm, durchgehend bebildert.
RKW 5130 · ISBN: 978-3-86338-130-1

Pater Andreas Pohl SCJ · Ein Stück Brot für den Tag
„Der Mensch lebt nicht vom Brot allein ...". Die Seele will auch leben und sie lebt vom Wort, sogar auch von einem Bild, und davon, wie sie von beiden berührt wird. Dieser „geistliche Proviant" in Texten, Gebeten und Bildern lädt zum Betrachten, Beten und Meditieren ein. Ein Kraftspender für den Alltag.
Bildband, 128 Seiten, 12,5 x 17 cm, durchgehend bebildert.
RKW 5131 · ISBN: 978-3-86338-131-8

Klaudia Busch · Ich schenke dir ein Segenswort
Sie möchten einem anderen etwas Wertvolles weitergeben? Verschenken Sie gute, freundliche Worte, die trösten und aufrichten, achten und wertschätzen. Segensworte, die deutlich machen: Du bist kostbar und einmalig.
Bildband, 48 Seiten, 17 x 17 cm, durchgehend bebildert.
RKW 5103 · ISBN: 978-3-86338-103-5